Discovery Education 探索·科学百科（中阶）

3级B2 探宝寻踪

全国优秀出版社
全国百佳图书出版单位
广东教育出版社　学乐

中国少年儿童科学普及阅读文库

探索·科学百科 中阶

探宝寻踪

3级B2

[澳]大卫·史蒂芬斯 ⊙ 著

张加存(学乐·译言) ⊙ 译

Discovery
EDUCATION

全国优秀出版社
全国百佳图书出版单位

广东教育出版社 学乐

广东省版权局著作权合同登记号

图字：19-2011-097号

本书原由 Weldon Owen Pty Ltd 以书名 *DISCOVERY EDUCATION SERIES · Treasure Seekers*

（ISBN 978-1-74252-192-3）出版，经由北京学乐图书有限公司取得中文简体字版权，授权广东教育出版社仅在中国内地出版发行。

图书在版编目（CIP）数据

Discovery Education探索·科学百科. 中阶. 3级. B2，探宝寻踪/[澳]大卫·史蒂芬斯著；张加存（学乐·译言）译. 一 广州：广东教育出版社, 2014.1

（中国少年儿童科学普及阅读文库）

ISBN 978-7-5406-9375-6

Ⅰ.①D… Ⅱ.①大… ②张… Ⅲ.①科学知识—科普读物 ②文物—考古—世界—少儿读物 Ⅳ.①Z228.1 ②K86-49

中国版本图书馆 CIP 数据核字(2012)第162190号

Discovery Education探索·科学百科（中阶）
3级B2 探宝寻踪

著 [澳]大卫·史蒂芬斯克　　译 张加存（学乐·译言）

责任编辑 张宏宇 李 玲 丘雪莹　　**助理编辑** 李颖秋 于银丽　　**装帧设计** 李开福 袁 尹

出版 广东教育出版社
　　　地址：广州市环市东路472号12-15楼　邮编：510075　网址：http://www.gjs.cn
经销 广东新华发行集团股份有限公司　　　　　　**印刷** 北京顺诚彩色印刷有限公司
开本 170毫米×220毫米　16开　　　　　　　　　**印张** 2　　　　**字数** 25.5千字
版次 2016年5月第1版　第2次印刷　　　　　　　 **装别** 平装

ISBN 978-7-5406-9375-6　　　定价 8.00元

内容及质量服务 广东教育出版社 北京综合出版中心
　　　　　　电话 010-68910906 68910806　　网址 http://www.scholarjoy.com
质量监督电话 010-68910906 020-87613102　**购书咨询电话** 020-87621848 010-68910906

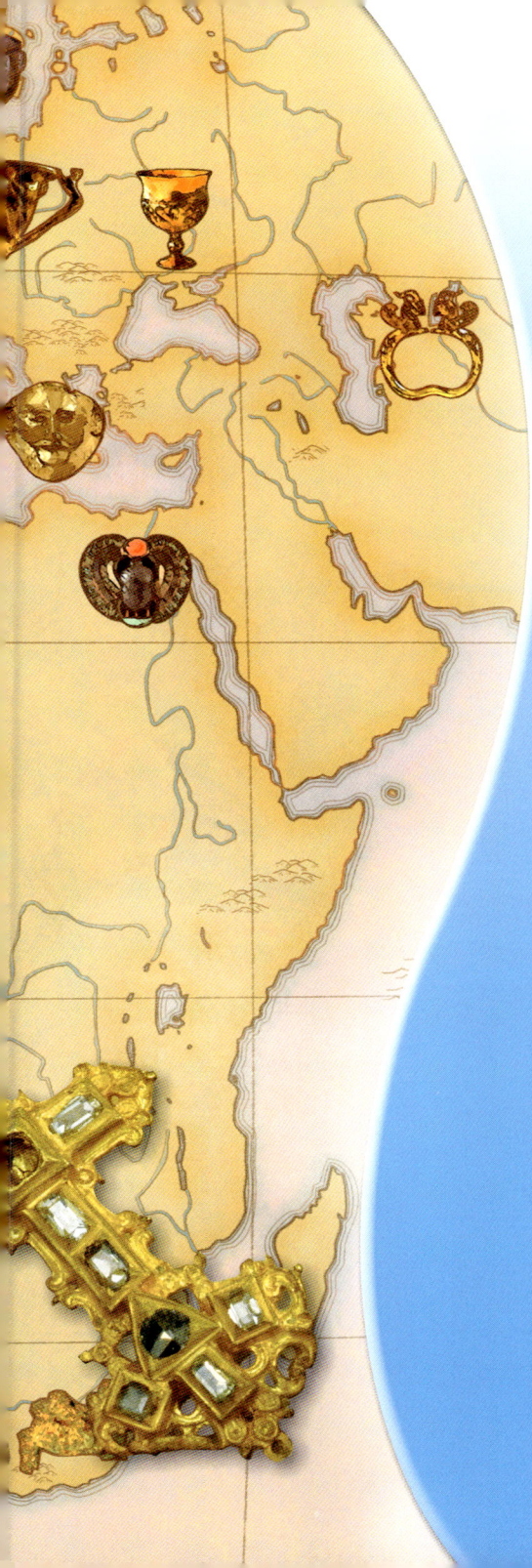

目录 | Contents

何为珍宝？……………………………6

加州淘金热……………………………8

贵重金属………………………………10

为来世准备的宝藏……………………12

黄金城…………………………………14

珍宝秘藏………………………………16

乌鲁布鲁恩沉船………………………18

猎宝者…………………………………20

锡潘……………………………………22

萨顿胡…………………………………24

宝藏地点………………………………26

珍宝小档案……………………………28

知识拓展……………………………30

何为珍宝？

任何稀少或独特的东西都可能是珍宝，比如曾经只卖一毛钱的旧书。如果某种书籍只剩一本，就成了孤本，那它就是无价的。稀有的连环漫画，与众不同的邮票或者年代久远的玩具都有可能成为珍品。很多家庭都可能拥有一件宝贝，也许就藏在屋顶下的某个地方。如果你拥有一件无法轻易被替代的东西，它可能就是一件珍宝。

在银行出现之前，人们把值钱的东西藏在木箱或柜子里。这样存放虽然方便兑换现金，但也容易失窃。到海外旅行时，人们常随身携带着藏宝箱，里面装有精美的珠宝、金币和贵重的个人物品，用以彰显自己的财富和权力。但是这种做法很不方便，也不安全。如果船只遭遇风暴沉没，人们就只能顾着自救了，而藏宝箱就会随船沉入海底。

为什么黄金那么值钱？

金子稀少，也难以开采。要从地下获得1盎司（28克）黄金，至少需要处理10吨矿石。人们之所以用黄金装饰珠宝，原因就是它质地柔软，容易制成各种形状。黄金不会失色，也不会受到腐蚀。这很适合做电脑和其他电器的连接件。

金块

宝石皇冠

世界上的各个皇室都拥有很多宝物。这顶皇冠是1540年专为苏格兰国王詹姆斯五世铸造的。

女王皇冠

嵌有各色宝石的金冠，女王在特殊场合佩戴。

藏宝箱

15世纪时，西班牙人在世界各地抢劫金币和银币，然后放在木箱里装船运回国。这些木箱子可能就是"藏宝箱"一词的由来。

铸币

人们在土耳其西部的河流中，发现了大约公元前6世纪铸造的第一批金银合金硬币。

金制酒杯

皇室和贵族家庭拥有纯金制成的盘子、杯子和刀具。这是社会地位的一种标志。

货币

第一批被用作货币的硬币被称做八里亚尔，是西班牙于15世纪制造的。

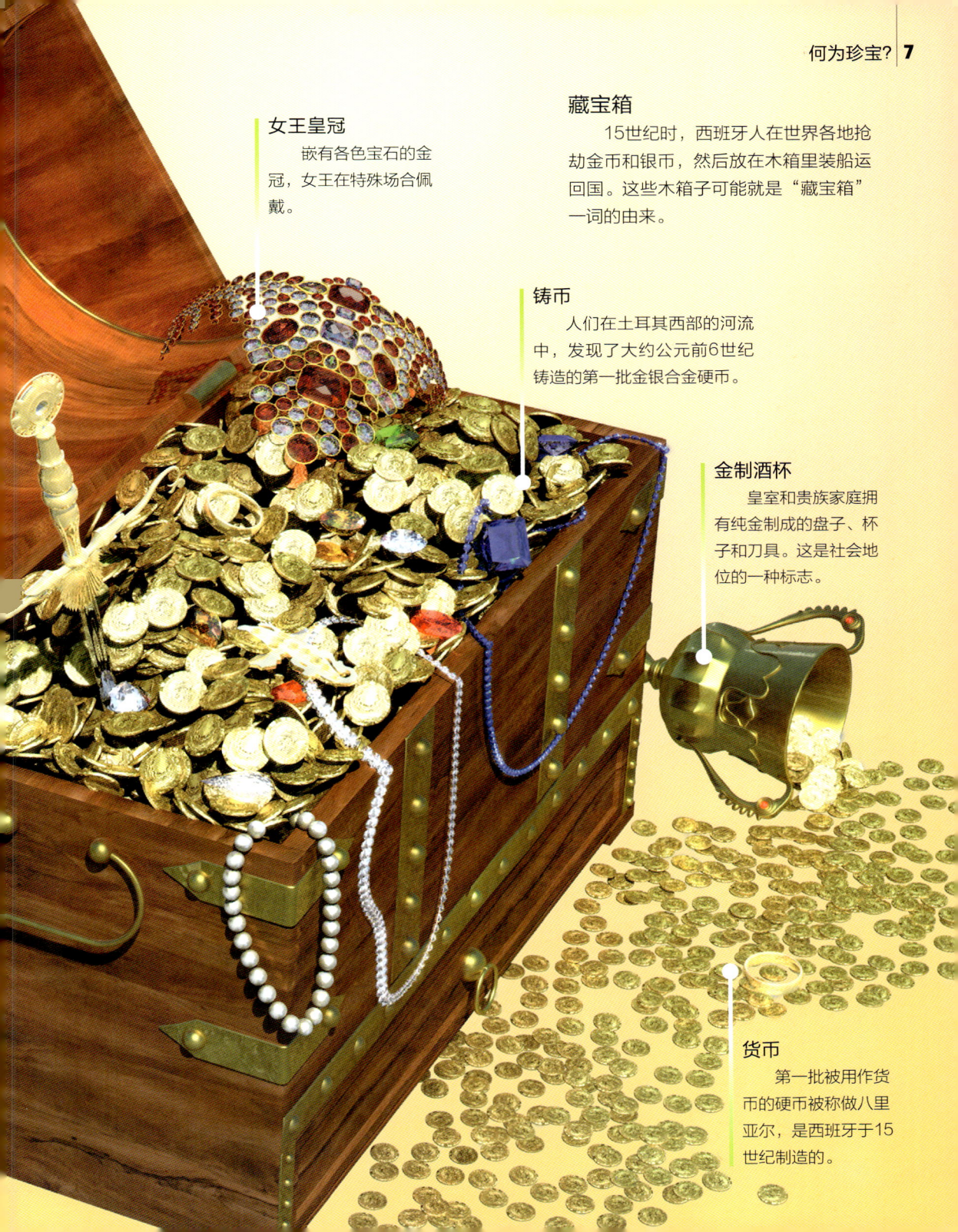

加州淘金热

1848 年 1 月，詹姆斯·马歇尔在加利福尼亚科洛马的美国河流域发现了金矿。当时他正在给雇主约翰·萨特船长建造一座锯木场，他发现水沟里有很多片状的金子——沟中的水是用来推动锯轮的。马歇尔打算保守发现黄金的秘密，但消息还是不胫而走，迅速传遍美国和世界。到 1849 年，加州淘金热就已经热火朝天地展开了。接下来的几年里，30 万人乘着船或者大马车加入淘金大军，来寻找属于自己的财富。

1849 年以后，早期的冶金者被称做"四九人"，他们之中的大多数人都是在这一年来到加利福尼亚的。刚开始，人们用淘盘就能很容易找到金子。方法是把河泥同水一起放到平底的盘子里搅动，密度最大的金子就会沉到底部。遗憾的是，到 19 世纪中叶，这种金子多数已被淘光，只剩下沉积在矿石中的金子，而且必须经过冶炼才能获得。

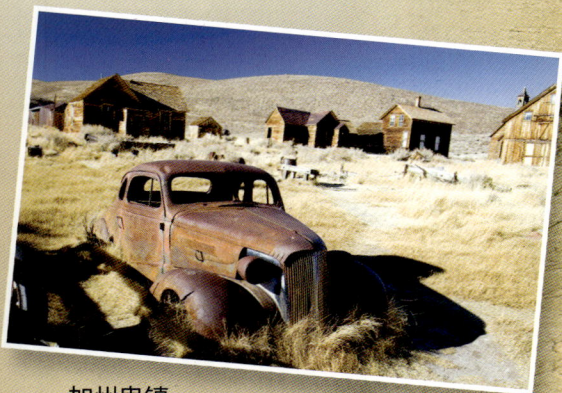

加州鬼镇

整个加州北部迅速涌现出很多村镇，为冶金者提供各种服务。1880 年，博迪镇拥有 1 万人口，以秩序混乱闻名。如今，它已成为一座空城。

傻瓜的黄金

　　黄铁矿是铁和硫的混合物，外观黄灿灿的，经常会在发现金矿的地方出现。挖到这种黄铁矿时，没有经验的冶金者会以为自己发了大财。不幸的是，这种东西根本不值钱，故得名"傻瓜的黄金"。

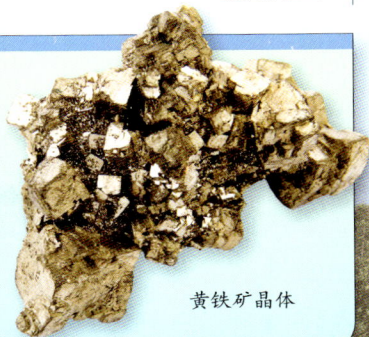

黄铁矿晶体

洗矿渠淘金

　　为了加快淘金速度，将河水导入一个长长的木制洗矿渠里，泥沙和碎石都被铲进来。密度大的金子会沉到底部，被放置在水渠底部的隔档阻挡下来。几乎每隔一段时间，水流就被沉积物所阻，这时，淘金者就可以从水渠中取出金子了。

贵重金属

如果你知道去哪里寻找的话，地球其实就是充满各种贵金属的无主珍宝库。在地下深处，金银被压进岩石的缝隙里。久而久之，地核的火山活动将这些岩石推向地表，并依靠水的侵蚀作用把一些金银从岩石中冲刷出来。因为这些金属比较重，它们会最终沉积到河流的底部。5000多年前，人类正是在河床上发现了第一批金银块。古埃及人和波斯人把这些柔软的、光灿灿的金属制成漂亮的首饰和装饰品。

铂金甚至比黄金和白银更稀少，因此也更贵重。铂金的熔点很高，尽管它价格昂贵，但仍被用在汽车的排气系统里，以帮助除去废气中的有毒气体。

纯银

白银一般与锌、铜和铟混在一起。矿石经过粉碎等特殊加工后，会提取出不同的金属。加拿大曾发现过这种罕见的纯银块。

古希腊硬币

这些银币的铸造日期可以追溯到公元前6世纪。这些硬币是手工制作的，带有希腊神灵和神兽的图像。

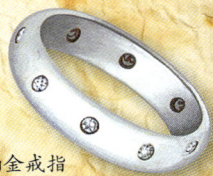

铂金

铂金块一般非常小，和一颗豌豆差不多大。17世纪时，西班牙人在美洲发现过铂金。他们称其为"普拉提那"，意思是"小银子"。因为他们认为这不值多少钱。铂金首饰在美国和日本很流行。它曾一度被误称做"白金"，其实白金是黄金和另一种金属的合金。

铂金块

铂金戒指

金块

这么大的金块是十分罕见的。这是1870年在澳大利亚发现的两个金块的复制品。那两个真正的原始金块非常重，分别为31581克和25855克，很难搬动。

为来世准备的宝藏

要 找到埋藏在地下的宝贝需要时间和耐心。考古学家霍华德·卡特曾得到英国贵族卡那封勋爵的资助，来到埃及的国王谷搜寻宝藏，花了 5 年时间才终于找到图坦卡蒙墓穴的入口。1922 年 11 月 4 日上午，在发掘期间，一个送水的小孩发现了一块不同寻常的岩石，后来证明这是通向墓穴封门的楼梯顶部的一级台阶。

墓穴里，埋葬的是一位埃及少年国王图坦卡蒙，公元前 1323 年去世，时年 19 岁。墓穴内满是绚丽的黄金宝藏，有家具、衣服、首饰、装饰品、武器甚至战车，都是为他的来世准备的。墓穴内有四个墓室，其中一间墓室内是安葬图坦卡蒙的纯金棺木。

图坦卡蒙的亡者面具

亡者面具是金制的，上面嵌有各色玻璃和贵重的宝石。前额上的秃鹫和眼镜蛇雕刻是神灵的象征。

墓室前厅

图坦卡蒙的等身像守卫在前厅西墙通往墓室的入口处。

法老墓

图坦卡蒙的墓室由四个房间组成，房间由一条通道相连。墓内 3 500 多件不同的随葬品，现在多数都保存在开罗的埃及博物馆内。

图坦卡蒙的头

将图坦卡蒙的头处理成木乃伊，并用亚麻布包裹起来，放置在国王谷的卢克斯特神庙墓穴内的一个具有防腐作用的玻璃匣内。

墓内珍宝

墓内珍藏着一些模型船和图坦卡蒙的器官。这些器官放置在一块雕刻精美的半透明方解石里，这些器官都经过了防腐处理。

耳室

　　耳室内到处都是图坦卡蒙可能用到的日常生活用品，比如游戏用具、椅子、长沙发和床。

多重棺木

　　石棺内有三重棺材，木棺内又是一层木棺。最小的一层是纯金制作，里面就是图坦卡蒙的尸体，已成为木乃伊。

墓室

　　墓室内有四个嵌套神龛，上面覆有黄金和题字，用来保护来世的图坦卡蒙不受魔鬼侵害。

黄金城

16 世纪早期，西班牙探险家赫尔南·科特斯和弗朗西斯科·皮萨罗征服了南美的许多村庄。他们把从阿兹台克和印加抢来的大量黄金运回欧洲。他们还声称有座纯金建造的城市，即黄金城。众多寻宝者慕名去探寻这座消失的黄金城，但一无所获。

黄金城的传奇故事可能有一些真实性。早期的欧洲探险者都听说过穆伊斯卡人用纯金装扮他们的国王，让他在嘎塔维塔湖（位于今天的哥伦比亚境内）上漂流，用黄金去祭拜生活在湖中的太阳神。

寻找黄金

许多搜索黄金城的寻宝者正好途经嘎塔维塔湖。其他一些知道这个故事的人则设法降低湖水的深度，希望自己能够找到黄金制成的东西。对印第安人来说，黄金是神圣之物，是生命和繁衍的象征，而非财富的标志。

嘎塔维塔湖

1545年，赫尔南·佩雷斯·德克萨达将这个湖的水平面降低了3米，发现了18千克黄金。数百名奴隶用水桶挑水，花了三个月的时间才完成这项工作。

金色的国王

穆伊斯卡人用金粉涂抹他们的国王，然后把他放在芦苇筏上，上面堆满黄金和珠宝。国王会把这些宝贝撒进湖中，以此来祭祀太阳神。

羽毛头饰

金粉

仪式筏

这是国王所乘芦苇筏的金制模型，现保存在哥伦比亚首都黄金博物馆内。该模型于1969年在哥伦比亚的帕斯卡镇附近的一个洞穴里被发现，当时放置在一个陶盆内。

雄鹿头型杯

这件制作精美的容器是三个兄弟于1949年在巴尔干的帕纳久里什泰村发现的。他们总共发现了9件金器。

可折叠皇冠

这个可折叠的黄金皇冠很容易隐藏。1978年在阿富汗地区的一座坟墓里被发掘出来。那里曾经是游牧民族开展贸易的地方。

黄金弯月

在阿富汗靠近丝绸之路的地方发现了六座古墓。墓内有2万件黄金饰品，这件黄金弯月就是其中之一。

珍宝秘藏

在世界各地，隐藏的珍宝都是他们的主人故意藏起来的，他们希望有朝一日回到那里，重新取出珍宝。但由于不可预料的原因，他们未能如愿。数百年后，这些珍宝被幸运的寻宝人发现。

通常，这些宝贝都是在旅行者较多的贸易路线上发现的，如丝绸之路。有时候，珍宝被埋在废弃的岛屿上，如威廉·基德船长的宝藏。1701年，他因海盗罪被绞死。他打算拿出他的一部分宝藏来贿赂狱卒，但是他们并不相信。在基德死后，藏宝地点也成了永远的谜。据称，他在自己的家具里藏有四张藏宝图。

幸运的发现

对寻宝者来说，很少能够幸运到被一堆隐藏的珍宝绊倒。但这样的事情还是会发生的。1887年，美国佐治亚州的塞缪尔·麦克丹尼尔在犁地时碰到了一个金属物体。后来发现这个大的密封罐子里装有上等的白兰地和1 900枚金币，按今天的价值计算，大约值5千万美元。

阿里亚德妮银盘

这件盘子上的装饰图案中有来自希腊神话的图像，是在瑞士奥古斯塔的一座罗马城堡中发现的，也是藏在堡垒墙壁中诸多珍宝中的一件。

剑格

纯金打制，镶嵌有珍贵宝石，这是7世纪的盎格鲁—撒克逊剑格，是在英格兰的斯塔福德郡发现的1500件武器之一。

神秘金带

这条弯曲的金带也是斯塔福德珍宝中的一件，上面刻有拉丁文版《圣经》诗句。

乌鲁布鲁恩沉船

1982 年，一名捞取海绵的潜水员在土耳其地中海远离海岸的地方发现了这艘沉船。乌鲁布鲁恩沉船是一艘15 米长的木船，大约沉没于公元前 1306 年。考古学家看到这艘船所载的物品后，激动万分，因为这些货物可能来自当时地中海沿岸主要贸易国的皇室。

货物中包括 18 000 多件青铜时代的工艺品：来自塞浦路斯的铜锭和锡锭，以及制作武器的原材料；来自埃及和迦南的黄金和白银首饰；来自希腊迈锡尼的矛、青铜武器和工具；来自非洲的象牙和河马牙。考古潜水员每年在沉船上工作三个月，前后一共持续了 10 年。他们下潜到61 米深处，发现了更多的物品。

人工制品

人们发现了150坛松节油脂，这是一种松脂树的汁液，用来制作香水和香料，重量超过0.9吨。这应该是用来交换其他物品的。

打捞宝藏

潜水员用强大的水泵配上过滤装置除去沉船位置的泥沙，把小的硬币和首饰打捞上来，然后，再把这些东西系在气球上，带出水面。

复原的船

艺术家重造了这艘船在朽烂之前的样子。它在水下已有数百年。这种船的建造过程是先用木板搭成外部船体，然后在内部填充肋拱。

猎宝者

猎宝人的背景五花八门：从马戏团的大力士到深海潜水员，从业余的考古学家到印第安纳·琼斯系列电影里的主人公，他们都是猎宝人原型。几个世纪以来，人们在陆地上和海洋里发现了许多宝藏。一些猎宝人因为自己的发现而致富，也有一些人遭受到疾病和死亡的致命威胁，还有一些则被贴上了窃贼和强盗的标签。他们都有一个共同点——耐心以及搜寻到底的决心，即使遭遇连续的失败也不肯罢休。

镶有珠宝的十字架

威廉·菲普斯爵士（1651~1695）

菲普斯是一个出身于贫困家庭的美国人，英格兰国王命令他到加勒比海寻沉没的西班牙运宝船。他发现了16艘沉船，打捞上来很多金银财物。英格兰国王詹姆斯二世封他为爵士，并任命他为马萨诸塞州的第一任州长。

乔瓦尼·贝尔佐尼(1778~1824)

意大利马戏团的大力士，也是一名工程师。有一次，英国驻埃及大使馆让他把一座重达6.4吨的拉美西斯二世的塑像从埃及底比斯的一座庙里移走，装船运到英格兰的英国博物馆。从此之后，他开始对考古产生浓厚兴趣。在埃及的国王谷，他连续发现了5座法老的陵墓。

乔瓦尼·贝尔佐尼

海因里希·施里曼（1822~1890）

他是一名百万富翁，也是一位业余考古学家。施里曼利用自己对希腊神话故事的了解来寻找考古地点，他相信这些故事都是以事实为基础的。他曾提出，古代的特洛伊城位于土耳其的希沙利克，这一观点后来被证明是正确的。他还在古希腊人的一个定居点迈锡尼发掘了很多宝物。

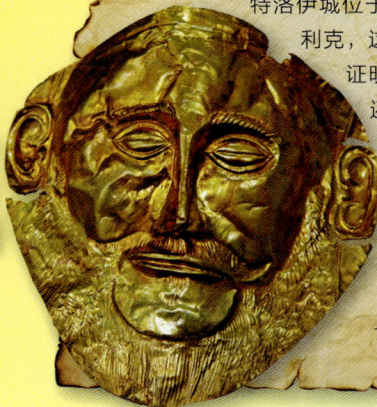

黄金亡者面具

海拉姆·宾厄姆（1875~956）

宾厄姆是哈佛大学历史与政治学教授。1911年，他在秘鲁的马丘比丘发现了消失的印加城。人们普遍认为，他就是电影人物印第安纳·琼斯的原型。

马丘比丘

梅尔·费舍尔（1922~1998）

这位美国水肺潜水的先驱在探查佛罗里达群岛期间，发现了历史上最有价值的两艘沉船。他从一艘西班牙大帆船阿托卡夫人号上发现了金块、银块和铜块，以及银币和绿宝石等宝贝。

金块和铜块

罗伯特·F.马克思（生于1933年）

他是美国水肺（自携式水下呼吸器）潜水的先驱，也是一位多产的作家，他在全世界将近90处船只残骸和海洋考古点工作过。他曾单独在一艘米勒格罗丝夫人号沉船上发现了20多万件工艺品，该船于1741年在远离墨西哥海岸的地方沉没。

古地图和硬币

爱德华·李·斯彭斯（生于1947年）

发现第一艘沉船时他才12岁。他把猎宝人和水下考古视为终生职业。在此期间，他从西班牙大帆船、海盗船还有联邦宝船上打捞了价值超过5千万的金银和一些珍贵的工艺品。

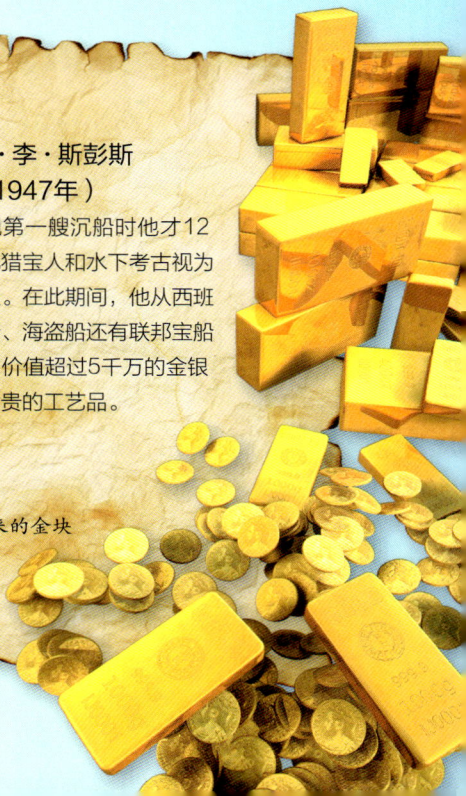

打捞上来的金块

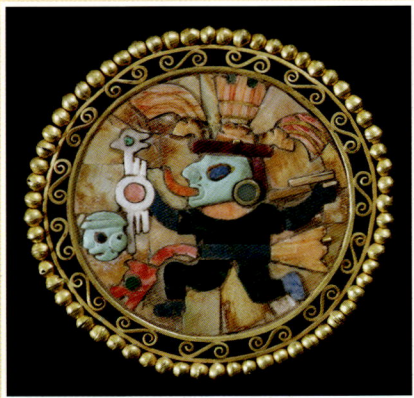

耳部饰品

这是一种耳盘，由黄金制成，嵌有绿松石和其他次贵重的宝石。图案是一个莫切人战士。

锡潘

沃尔特·阿尔瓦博士是秘鲁布吕宁博物馆的馆长。1987 年 2 月 25 日的午夜，他被警察请去鉴定当地一处考古地点失窃的工艺品。窃贼们碰巧打通了通向锡潘勋爵的墓穴隧道。锡潘是莫切族的杰出领导人，莫切人在大约公元 1~700 年间统治着秘鲁北部海岸。

在秘鲁北部锡潘的四座坟墓中，最先发现的就是这一座。墓中有锡潘勋爵的尸身，大约死于公元 290 年，时年 40 岁。同他一起埋葬的还有一个 10 岁的孩子，几名妇女——也许是他的妻子——还有两个卫兵，他们估计是被杀害的，因为脚都被砍了下来。里面还有一条狗的尸体，估计是到来世去保护主人，还有两具骆驼的尸体。墓里还有许多值钱的金银和陶瓷盆。

锡潘勋爵墓

里面有很多用来盛食物的陶瓷盆以及一些华丽的工具、金银装饰的摇铃、刀子，还有一条狗和两匹骆驼的尸体。

第一名女性的尸体

这是一名年轻女性，可能死于锡潘勋爵之前，后来又和锡潘葬在一起。她的棺木是芦苇制成的。

第一名卫兵

这具尸体上面覆盖着铜盔甲。种种迹象表明，这两个卫兵是在埋葬勋爵时被杀害的。

锡潘勋爵

他在下葬时身着盛装：两条项链、两个绿松石制成的耳塞、一个黄金制成的亡者面具和一条权杖黄金物品。

第二名卫兵

这名卫兵的摆放方向和第一名卫兵正好相反，似乎意味着他们要从两个不同的方向来保卫勋爵不受伤害。

第二名女性尸体

第二名女性可能是勋爵的妻子，和第一名女性一样，她的脸上也覆盖着一个华丽的铜面具。

萨顿胡

萨顿胡是一个由 20 个盎格鲁—撒克逊古坟组成的区域，这里以古坟闻名，建造时间是在公元 6 世纪至 7 世纪。

它们俯视着位于英格兰萨福克的德本河。最大的一座古坟于 1939 年由来自伊普斯维奇博物馆的巴兹尔·布朗所发掘。他是应这块土地主人伊迪斯·普雷蒂的要求来发掘的。据称他有一种预感——大土丘下埋藏着财宝。

他们在这里发现了一艘船的轮廓，大约 27 米长。正是盎格鲁—撒克逊水手用的那种船，由 40 名桨手来驱动。经进一步发掘，在船的中央发现了一个墓室。里面有很多东西价值不菲，包括金币、黄金和石榴石的衣饰、一个金搭扣、两个金条、一根皇家权杖和配有武器的盔甲。

墓室

这间墓室长5.5米，最初覆盖着木制屋顶。里面没有发现尸体，因为该地区的土壤呈酸性，能够分解骨骼。法医试验表明这里曾存在过尸体。

雷德沃尔德国王

考古学家们相信萨顿胡是雷德沃尔德国王的墓地。他先加冕成为东安格利亚的国王，后来成为整个英格兰的国王。他亡于公元624年。在墓室里发现了一个饰有青铜的蒙面头盔。

考古学家复原的头盔　　雷德沃尔德国王

精美的黄金搭扣

搭扣上面错综复杂的图案正好与在墓室里发现的其他一些衣饰相配，这些衣饰有肩扣和一个色彩比较协调的钱包扣。

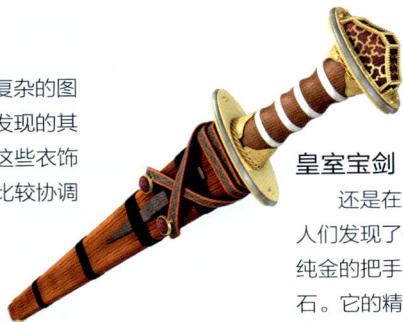

皇室宝剑

还是在同一个墓室里，人们发现了一柄生锈的剑，纯金的把手上镶满了石榴石。它的精美程度表明，这并不是武器，只是在仪式上用的。

宝藏地点

地球上到处可以发现宝藏。废弃的矿山和金矿里仍可以掘出金子。如果以历史事件为线索，仍然有很多隐藏的宝藏等待雄心勃勃的寻宝者去发现，还有成百上千的沉船等待打捞，其中一些必须等到深海潜水的技术得到改善以后才有机会发掘。但一些传说中的宝藏可能压根就没有，关于它们的位置和存在只是童话般地代代相传下去罢了。

科技是寻宝者的新工具。高清晰的卫星图像、探地雷达和无人驾驶飞机就是现在用来定位潜在藏宝地点的几种高科技工具。

失而复得的财富

这张地图标明了曾发现宝藏的地点以及潜在宝藏的地点。

你可以利用该图，自己去寻找宝藏的准确地点。

图例
- 发现宝藏的地点
- 丢失宝藏的地点

北美洲

皇家邮轮泰坦尼克号
（纽芬兰）

基德宝藏
（加德纳岛）

奥克岛
（新斯科舍）

蒙特苏马宝藏
（犹他）

比尔密码地下宝藏
（弗吉尼亚）

消失的荷兰人的金矿
（亚利桑那）

中美外轮蒸汽船
（北卡罗来纳）

"可可果"沉船
（百慕大）

阿托卡夫人号沉船
（佛罗里达群岛）

大西洋

米勒格罗丝夫人号沉船
（墨西哥）

奇琴伊察
（墨西哥）

奎达商号沉船
（多米尼加共和国）

太平洋

利马宝藏
（未知的太平洋岛屿）

黄金国（哥伦比亚）

马丘比丘
（秘鲁）

南美洲

克鲁索岛的西班牙战利品
（胡安费尔南德斯群岛）

欧洲

妖精黄金
（爱尔兰）

汽船

凯尔特人的仪式船
（丹麦）

萨顿胡
（英国）

英国胜利号军舰艇
（英吉利海峡）

凯瑟奥古斯特
（瑞士）

帕纳久里什泰宝藏
（保加利亚）

"黑天鹅"
（葡萄牙）

博斯考瑞勒
（意大利）

埃尔金大理石雕
（希腊）

"最古老沉船"
（爱琴海）

阿伽门农面具
（希腊）

图坦卡蒙
（埃及）

"杨门侬雕像"
（埃及）

琥珀室
（俄罗斯联邦）

亚洲

裴瑞斯奇皮纳珍宝
（乌克兰）

奥克苏斯宝藏
（土库曼斯坦）

大夏秘藏
（阿富汗）

消失的成吉思汗墓
（中国西北）

非洲

所罗门国王的金矿
（也门）

约柜
（埃塞俄比亚）

北回归线

海盗女王的领地
（中国南海）

康塞普申夫人号沉船
（北马里亚纳群岛）

迷失的伊瑞斯雅哇岛
（印度洋）

赤道

勿里洞沉船（爪哇海）

印度洋

大洋洲

南回归线

陶托那金矿（南非）

信仰之手
（澳大利亚）

珍宝小档案

埋藏的宝藏

当罗马军队在欧洲推进时，他们劫掠了大量珍宝。返回时，士兵和军官把不能随身携带的东西藏了起来，以免被敌军找到。1992年，人们偶然在英格兰萨福克的荷克森发现了价值最大的藏宝之一。这批宝藏大约是5世纪时埋起来的，有包括金币在内的多种贵重物品。

在荷克森发现的
银质雌虎塑像

金币

早在公元前2700年，埃及人就已经把金币当做礼品了。欧洲范围内所用的第一批金币叫做凯尔特金币，是公元前54年到公元43年之间铸造的，面值与等重黄金相同。20世纪早期，除限量金币外，黄金不再被用做货币。

凯尔特金币

巴黎特罗卡德罗博物馆
馆藏的水晶头骨

虚拟宝藏

电影《印第安纳·琼斯》和《水晶头骨王国》也是有事实依据的。据称，真正的水晶头骨是在南美发现的，世界上很多博物馆都有水晶头骨，但人们认为都是仿品。

最具启发性的海难

勿里洞沉船是阿拉伯的一种独桅帆船，沉没于公元前7世纪。人们在爪哇海发现了它，这表明在中国和阿拉伯之间存在一条商业价值巨大的古代海洋贸易路线，与横跨亚洲的"丝绸之路"这条陆地贸易路线不相上下。

勿里洞沉船上的龙头罐

这是在佐科斯岛沉船位置发现的希腊早期风格的陶器

已知的最古老海难

大约公元前2500年，一艘木船沉没在爱琴海的位于伯罗奔尼撒半岛东部的佐科斯岛附近。这艘船很久以前就已解体，但是海床上还保留有上千个黏土制成的花瓶和其他一些陶瓷容器，标明了这个最古老沉船的位置。

自然之瑰宝

在地球的深处，大自然创造价出值不菲的宝石。钻石是在地幔内部的极端压力下形成的，后来随着火山喷发的岩浆流冲出地壳。在自然界所有矿物中，钻石硬度最高，也最值钱。蓝宝石也会天然地存在于地下，但也能人工合成。第一个著名的绿宝石矿是属于埃及王后克利奥帕特拉的。猫眼石是多层石英石构成的，主要产地在澳大利亚的沙漠地区。如今，天然金块尽管仍能从河水中用淘盘淘到，但大多数要从地下的矿石中提炼。

（猫眼石）蛋白石

绿宝石

钻石

紫水晶

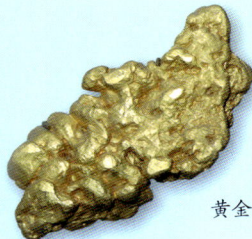

黄金

知识拓展

**考古潜水员
(archaeological diver)**
　　专门在水下探索古物的人员。

考古学家 (archaeologist)
　　通过发掘寻找人类和事物遗迹来研究古代人类文化的人。

阿里亚德妮 (ariadne)
　　希腊神话人物，克里特国王米诺斯的女儿。

古代人工制品 (artifact)
　　考古学家发现的人造物品。

方解石 (calcite)
　　一种结晶的碳酸钙。

迦南人 (Canaanite)
　　起源于古代中东，也就是迦南地区的人。

帆船 (dhow)
　　带有三角帆以及一或两个桅杆的阿拉伯船。

铟 (Indium)
　　一种和铝相似的金属元素。

块状金属 (Ingot)
　　铸成块状且容易携带的金属。

黄铁矿 (iron pyrite)
　　铁和硫组成的矿物，也叫作硫化铁。

**莫切文明
(Moche civilization)**
　　大约在公元100～700年间统治北部秘鲁的古代文明。

迈锡尼文明 (Mycenaean)
　　一个用来描述希腊的古代文明，大约生活在公元前16世纪至公元前12世纪之间。

淘盘淘金 (Panning)
从河泥中提取黄金的一种办法。

法老 (Pharaoh)
古埃及的最高领导人。

八里亚尔银币 (pieces of eight)
西班牙在15世纪时铸造的银币，一枚价值八里亚尔。

铂 (Platinum)
密度大、价值高的一种灰白色金属。

古希腊的角状杯 (Rhyton)
一种饮器，形状通常是动物的头部。

石棺 (Sarcophagus)
通常用石头雕刻而成的棺材。

水闸 (Sluice)
控制流量和调节水位的水利设施。

宝藏 (Treasure)
储存起来的财富，通常是货币或珠宝，有时候是非常罕见的东西。

图坦卡蒙 (Tutankhamen)
古埃及法老，公元前1333年与公元前1324年间统治埃及。

探索·科学百科™

Discovery EDUCATION™

世界科普百科类图文书领域最高专业技术质量的代表作

小学《科学》课拓展阅读辅助教材

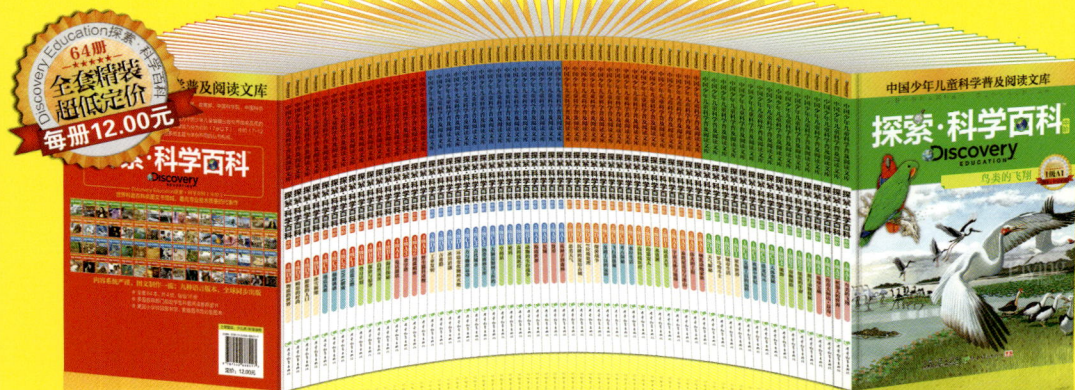

全套精装超低定价
每册12.00元

Discovery Education探索·科学百科（中阶）丛书，是7~12岁小读者适读的科普百科图文类图书，分为4级，每级16册，共64册。内容涵盖自然科学、社会科学、科学技术、人文历史等主题门类，每册为一个独立的内容主题。

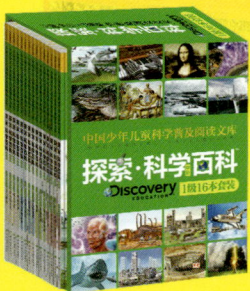

Discovery Education
探索·科学百科（中阶）
1级套装（16册）
定价：192.00元

Discovery Education
探索·科学百科（中阶）
2级套装（16册）
定价：192.00元

Discovery Education
探索·科学百科（中阶）
3级套装（16册）
定价：192.00元

Discovery Education
探索·科学百科（中阶）
4级套装（16册）
定价：192.00元

Discovery Education
探索·科学百科（中阶）
1级分级分卷套装（4册）（共4卷）
每卷套装定价：48.00元

Discovery Education
探索·科学百科（中阶）
2级分级分卷套装（4册）（共4卷）
每卷套装定价：48.00元

Discovery Education
探索·科学百科（中阶）
3级分级分卷套装（4册）（共4卷）
每卷套装定价：48.00元

Discovery Education
探索·科学百科（中阶）
4级分级分卷套装（4册）（共4卷）
每卷套装定价：48.00元